AF554264

REQUÊTE AU PARLEMENT DE PARIS.

PAR le Marquis de St. HURUGE, contre des calomniateurs & autres gens mal-intentionnés, qui ont, pendant ſept ans, abuſé de l'autorité pour lui faire un mal inoui.

London, by Balcetti & Compagny, Pol-Street, N°. 46.

A NOSSEIGNEURS

DU PARLEMENT DE PARIS.

NOSSEIGNEURS,

Je sais que les augustes fonctions de votre ministere s'étendent non-seulement à statuer sur les questions contentieuses qui vous sont présentées, mais encore à connoître généralement du juste & de l'injuste. La tranquillité publique & particuliere, l'honneur, la vie & les biens sont sous votre sauve-garde.

Permettez-moi, NOSSEIGNEURS, de vous exposer mes malheurs, & de réclamer votre protection pour les faire cesser.

Après avoir servi depuis l'âge de 13 ans, & avoir payé à l'état la dette dont tout chevalier françois s'acquitte avec plaisir, j'ai voyagé, pour mon instruction, en France & dans les différentes cours de l'Europe.

Je fis connoissance à Lyon, en 1778, avec Mademoiselle Mercier qui, sous le nom de Laurencé, jouoit le rôle le plus imposant.

Ce seroit peut-être blesser la majesté de votre caractere, NOSSEIGNEURS, que d'entrer ici dans tous les détails qui ont eu rapport à mon mariage. Tout ce qu'il me paroît convenable de dire, c'est qu'en prenant une femme dont la naissance & la dot ne répondoient nullement à mon nom & à ma fortune, je crus qu'il pourroit s'opérer une juste compensation par la beauté, l'amabilité, & les vertus sociales que me paroissoit avoir Mademoiselle Mercier.

Je vécus six mois dans mes terres, jouissant d'un bonheur qui me donnoit les espérances de l'avenir le plus heureux; mais à peine eus-je fait quelques visites dans Paris, que je connus mon malheur. Les livres de la police & plusieurs personnes m'apprirent comment Mademoiselle Mercier avoit vécu dans cette capitale, à Bruxelles, à Spa, & dans beaucoup d'autres endroits.

Je retournai dans mes terres, concentrant en moi-même le dépit de m'être trompé. Je m'entretenois dans le desir & l'espoir de voir mon épouse mener une conduite qui me la rendît respectable. Je passai ainsi deux ans, tantôt leurré par l'espérance, tantôt dévoré par des inquiétudes cruelles. Il arriva un tems où je crus prudent de donner des avis.

Mes avis firent connoître que j'étois instruit. Alors, le caractere de mon épouse se développa sans feinte. Au lieu de considérer qu'un mari trompé, qui se borne à donner des avis, eſt un homme honnête avec lequel ſon épouſe ſera certainement heureuſe, ſi elle a des procédés d. igés par la raiſon & la vertu, Mademoiſelle Mercier ne conſidéra en moi qu'un mari inquiet & incapable de modération. Ma préſence lui devint inſupportable. La qualité de Marquiſe lui parut très-propre à lui faire jouer un rôle dans le monde. La donation que je lui avois faite lui aſſuroit une partie de mes biens. Sa jeuneſſe, ſa beauté, ſes intrigues, & des partiſans lui donnoient l'eſpérance de ſecours & d'impunité, lorſque je voudrois m'oppoſer à ſes projets.

Je ne crois pas qu'il y ait dans notre ſiecle un être plus terrible qu'une jolie femme, qui ſe livre ſans meſure au libertinage. La mienne joint à une beauté rare, un eſprit délié, & une préſentation, telle qu'ont les femmes de qualité les plus intéreſſantes. Perſonne n'a plus de talens pour ſéduire & pour mettre à profit toutes les circonſtances. Perſonne n'eſt auſſi moins délicat ſur le choix des moyens.

A mon égard, ma qualité principale eſt la franchiſe; je ne crains point celui qui m'attaque ouvertement, parce que ma loyauté & mon courage suffisent pour me défendre. Je ne m'occupe point à deviner les intrigués & à les détruire, parce que je ne les soupçonne pas; aussi est-il très-aisé de me faire du mal; aussi m'en a-t-on beaucoup fait.

Pour se débarrasser de moi, on imagina d'obtenir une lettre de cachet & à cet effet de donner un mémoire qui contînt des calomnies. On en dressa un dans lequel on dit, 1o. que j'ai achevé d'assommer, à coup de crosse de fusil, un homme que mon garde avoit assassiné, 2o. que j'ai été assez barbare pour prendre, par les cheveux, ma fille qui n'avoit alors que 13 mois, & la suspendre ainsi sur les eaux d'un fossé dans lequel je l'aurois précipitée si je n'en avois pas été empêché.

Je ne connois pas les autres faits contenus (1) en ce mémoire, mais il y a

(1) Je suis obligé de mettre ici par note, la réfutation de ces deux faits importans, afin de ne pas suspendre le cours de ma narration, & que l'on voie, au plutôt, l'atrocité de la calomnie.

lieu de croire que l'on n'y a rien épargné ;

Premier fait relatif au prétendu assassinat.

Le 19 novembre 1774, un nommé Bobillot, manœuvre, demeurant à Corcelle, paroisse de Sigy-le-Châtel en Mâconnois, coupoit un baliveau, d'un pied & demi de tour, dans un bois appellé Bunoty, à moi appartenant. Le nommé Rigollot, garde général, l'ayant vu, lui déclara procès-verbal : comme Bobillot étoit coutumier du fait, & qu'il savoit que, pour cette fois, il n'y avoit point de grace à espérer, il menaça le garde, & courut même sur lui, dans l'intention de lui couper la tête avec sa coignée ; le garde recula, & dit à Bobillot de lâcher sa coignée. Celui-ci poursuivoit toujours : le garde en fuyant heurta contre une pierre qui le fit trébûcher ; se voyant en danger, & prêt à être pourfendu, il redoubla d'efforts pour conserver son équilibre, & fit feu sur Bobillot qu'il atteignit au col. La blessure n'a pas été mortelle ; Bobillot a été guéri en peu de tems.

Le garde a rendu plainte en la maîtrise des eaux & forêts de Mâcon. Bobillot a rendu plainte au bailliage ; il y a eu instruction sur les deux plaintes. Je n'avois pas été présent à l'action, aussi je n'ai pas été nommé ni par les accusateurs, ni par les témoins : Bobillot a même dit au quatrième témoin de l'information faite à sa requête, que je n'étois pas au lieu de la scene. Effectivement, j'étois à Dijon à la suite d'un procès contre un curé ; on peut facilement s'assurer de cette vérité ; car la procédure est au Greffe de la cour, où elle a été apportée, sur l'appel interjetté par Bobillot, d'une sentence rendue au bailliage de aussi je ne m'étonne pas que j'aie été regardé comme un furieux, que l'on ne pouvoit trop promptement enlever de la société pour m'empêcher de lui nuire.

Le Mémoire calomnieux est porté dans les maisons de ceux qui ne me vouloient pas du bien, car j'ai des ennemis héréditaires dans ma famille; j'en ai de particuliers. Je n'ai pourtant jamais été méchant,

---

Mâcon, le 6 Mai 1785, qui renvoyoit la plainte & la procédure faite au bailliage, pour être jointe à celle faite en la maîtrise des eaux & forêts.

Bobillot & ceux qui le soutenoient, n'ont pas osé laisser juger l'affaire; ils l'ont appaisée en débourfant 4 ou 5 mille livres, tant pour les frais que pour accessoires.

Voilà l'événement du prétendu assassinat, qui, quand il eût été réel, n'auroit jamais pu m'être imputé; voilà comment la calomnie sait tout déguiser, & se rendre tout avantageux pour parvenir à son but.

Deuxieme fait relatif à l'Enfant.

Malheureusement pour moi il n'y a pas de procédure qui puisse faire connoître le vrai; mais il existe des gens à qui on a proposé, moyennant récompense, de le certifier par leur signature. Ces témoins sont tous prêts à le déposer. S'il m'est permis d'informer, il ne me sera pas difficile de détruire la calomnie.

mais j'ai toujours été inexorable ſur l'article de l'honneur ; & à cet égard il peut ſe faire que quelques lâches m'aient vu quelquefois de mauvais œil.

Du nombre des ennemis de l'un & de l'autre genre, il y en a pluſieurs qui ont donné leurs ſignatures. Ce qu'il y a d'horrible, c'eſt qu'un de ceux-là, avec lequel j'étois en procès criminel, aſſocié avec un homme perdu de réputation, a ſurpris des ſignatures à mes fermiers & à mes cenſitaires par des récompenſes & par des indemnités. Ils ont même ſurpris mes ſœurs.

Il ſeroit trop long de dire à combien de portes ces vils auteurs d'un projet atroce, ont frappé pour avoir des ſignatures : il ſeroit trop long de compter les refus qu'ils ont eſſuyé de la part des gens de bien, dont je ſuis aſſuré que le témoignage m'eſt conſervé par amour pour la vérité. Il ſuffit de faire ſavoir que depuis l'obtention de ma liberté, j'ai appris que des agens de mon épouſe, & mon épouſe elle-même ont cherché à corrompre plus de trois cents perſonnes ; j'ai auſſi appris que la majeure partie de ceux qui avoient ſigné, avoient été induits en erreur par le faux exposé des faits graves, dont les uns intéressoient la société entiere, & les autres intéressoient chacun d'eux particuliérement. Plusieurs d'entr'eux m'ont dit que la vérité s'étant fait connoître, ils avoient, les uns par indignation, les autres par zele, & tous en général par l'amour du vrai, signé d'eux-mêmes une rétractation; que l'acte qui la contient a été signé avec empressement par tous les corps de la province, parce que l'indignation avoit été générale, à cause de la persécution dont j'étois la victime.

A l'instant où mon épouse & ses agens s'armoient de calomnie pour causer ma perte, M. Amelot étoit dans le ministere.

L'exactitude avec laquelle je dois parler, m'oblige à dire qu'il y a 12 à 13 ans, pendant la tenue des états de Bourgogne, j'eus le malheur d'avoir une explication, au spectacle, avec madame Amelot. La réponse que je donnai hautement avec ma franchise ordinaire n'a point été improuvée du public, mais elle est devenue contre moi dans la maison Amelot un titre de réprobation.

Je n'entends point parler ici de M. Amelot comme d'un homme souverainement injuste. Je sais qu'un mari peut difficilement s'empêcher d'adopter les idées fâcheuses de son épouse ; cependant je puis dire que sans le ressentiment qui a été l'effet de ma réponse à Mme. Amelot ; sans l'*intimité* qu'il a contractée avec mon épouse, à l'instant même de sa sollicitation, le mémoire de mes ennemis auroit été accueilli moins favorablement. On auroit sans doute fait plus scrupuleusement des informations dans ma province avant que de lâcher l'instrument terrible de ma captivité.

Il y avoit six mois que j'étois tourmenté par une fievre quarte. A supposer que j'eusse jamais été à craindre, la maladie m'avoit alors tellement affoibli que j'étois absolument incapable d'aucun genre de défense ; néanmoins mon épouse & ses affidés agirent avec autant de précaution que si j'avois été capable de lutter contre une armée. Les chaînes de fer, les cordages de toute espece furent préparés par mon épouse elle-même ; elle donna des ordres aux cavaliers de maréchaussée ; elle fortifia leur escorte par des captureurs. Quelques instans avant l'action, elle poussa la perfidie jusqu'à paroître s'allarmer sur les dangers de ma maladie ; elle m'engagea à retourner à Paris pour y trouver des secours ; elle me disoit avoir tout prévu pour le voyage, & qu'au premier instant nous pourrions partir.

C'est à la suite d'un de ces entretiens perfides, & pendant un accès violent de fievre, que l'escorte s'empare de ma personne. Un voleur assassin n'est point arrêté avec plus de violence : je suis lié, garotté & frappé sans miséricorde : on m'arrache de mon lit, pour me jetter dans une voiture, & on me transporte, en plein jour, hors de la ville de Mâcon, en criant hautement que je suis arrêté pour crime de *lèze-majesté*.

La prison de Charenton étoit le lieu où on m'alloit déposer. On croira, peut-être, qu'ayant été arrêté pour faits graves, on va me traiter comme criminel, & me jetter dans un cachot. L'on se trompe : un cachot m'auroit laissé libre avec moi-même ; je n'aurois eu de tourmens à endurer que ceux de l'ennui d'être ſeul, & du chagrin d'avoir perdu ma liberté. Avec de la patience, je pouvois ſurmonter l'un & l'autre ; ce n'étoit pas ce genre de ſupplice qui convenoit au projet cruel qu'on avoit formé pour ſe débarraſſer de moi.

Il exiſte à Charenton un lieu commun, où l'on enferme, ſans diſtinction, les fous, les épileptiques, les mauvais ſujets, & toutes ſortes de gens. La multitude de corps concentrés dans un petit eſpace, rend l'air épais & fétide : les différens genres de maladies excitent une combinaiſon d'humeurs, qui putréfient l'atmoſphere & la rendent mortelle. C'eſt-là, qu'après une route violente qui avoit redoublé ma fievre, mon épouſe fit dépoſer ſa victime.

L'exhalaiſon infecte qui me ſuffoqua à l'entrée de ce gouffre, augmenta l'accès de la fievre ; je fus en outre tourmenté par un bruit perpétuel. Souvent même, il me falloit lutter corps à corps contre les fous & les épileptiques, pour m'arracher aux attaques qu'ils me faiſoient dans les tourmens cauſés par la force de leurs maux. Comme il regne dans cet abominable lieu un régime barbare, les mauvais procédés des brutaux prépo-sés à l'inſpection, étoient un nouveau ſupplice. Que l'on ne s'imagine pas qu'il y ait ici rien d'outré : il eſt très-vrai que les ſerviteurs de cette loge infernale ne ſavent que tutoyer groſſierement, montrer le poing, le bâton, & frapper, ſuivant qu'ils ſont plus ou moins brutalement affectés.

Le criminel que l'on conduit au ſupplice n'a qu'un inſtant à ſouffrir. L'homme innocent & malade que l'on condamne aux tourmens dont je viens de parler, ſouffre toujours ; il ſent les tourmens ſe renouveller autant de fois que ſe renouvellent les inſtans de ſon exiſtence.

Je n'ai pu m'arracher à un ſoupçon qui depuis eſt devenu un fait certain, par l'aveu d'un des chefs de la maiſon de Charenton. On vouloit ou me faire périr ou me rendre fou. Ma raiſon étoit miſe à prix, moyennant 24,000 livres. Heureuſement j'ai conſervé la vie & la raiſon. Je dois, ſans doute, ma conſervation à la protection divine, & à l'eſpérance, qui ue m'a jamais abandonné, de faire tôt ou tard parvenir mes plaintes aux zélés défenseurs des opprimés.

Depuis le 14 janvier 1781 jusqu'au 7 décembre 1784, c'est-à-dire pendant trois ans & onze mois, que j'ai été prisonnier, il m'a été impossible de voir qui que ce fût. Mon épouse & M. Amelot, qui pendant mon absence avoient pu librement *cimenter* leur union, s'entendoient pour que je fusse ignoré du reste des hommes. Mes lettres & celles qu'on m'écrivoit étoient remises à mon épouse, qui s'étoit aussi emparé de l'administration de mes biens. Croiroit-on que cette femme cruelle, dès les premiers instans de ma captivité, ait eu l'audace de venir à ma prison se lamenter sur mon sort? Elle m'assuroit qu'elle n'étoit pour rien dans mes malheurs: tout, suivant elle, avoit été fait par mes sœurs, ou par des ennemis secrets qu'elle cherchoit à connoître. Elle ne devoit rien oublier pour démontrer au Ministre mon innocence, & la justice qu'il y avoit de me rendre la liberté. La perfide! elle versoit des larmes avec une effusion de cœur si apparente!

parente ! elle empruntoit si habilement l'air de la franchise, que je la crus innocente !

La tendresse dissimulée de mon épouse n'étoit que pour me surprendre le consentement de gérer mes biens pendant mon absence : car, malgré qu'elle eût surpris à la religion de la Cour un arrêt qui l'y autorisoit, comme cet arrêt étoit sur requête, il n'étoit pas suffisant pour engager les fermiers & débiteurs à payer avec sûreté ; il n'y avoit qu'une procuration de ma part qui pût les tranquilliser. J'avois des gens d'affaires qui méritoient ma confiance ; je préférai de la leur continuer, parce qu'ils connoissoient parfaitement mes biens, & qu'ils étoient honnêtes. Je refusai donc, sans qu'il entrât alors dans mon esprit aucune idée désavantageuse sur le compte de mon épouse. Si celle-ci eût agi sincérement, elle eût adopté les motifs qui me déterminoient.

C'étoit pour être maîtresse absolue que mon épouse m'avoit fait jetter dans les fers. Le refus qu'elle essuya rendit ses visites moins fréquentes ; elle disparut bientôt pour toujours. De temps à autre, l'officieux miniftre me faifoit renouveller, par fes agens, les propofitions de donner mon pouvoir : on me fommoit *defpotiquement* de ne pas m'entêter à ce fujet, fous peine de voir continuer & même augmenter la rigueur de mon fort dans la prifon.

La difparution de mon époufe, après les refus qu'elle avoit effuyés, me donna de vives inquiétudes; je commençai à douter de fa franchife. Lorfque je vis les agens du miniftre me faire pour elle des propofitions, je fus convaincu de fa perfidie; je connus toute l'étendue de mon malheur. Les révélations du fupérieur de Charenton finirent par me caufer du défefpoir. Si je n'ai pas perdu la tête & la fanté dans ces inftans de crife; il faut que j'aie été confervé par un ange tutélaire; car il eft difficile de croire qu'un homme, avec fes propres forces, puiffe fe débarraffer des paffions tumultueufes qui le déchirent dans de pareilles circonftances.

Enfin M. Amelot quitta le miniftere. Ce changement me donna de l'efpérance; j'eus le bonheur d'intéreffer un des agens de Charenton : par ſon moyen, je fis parvenir à mes amis une lettre, qui annonçoit ma ſituation.

Ceux qui avoient été ſurpris, en 1780, faute d'examiner le mémoire, ſe repentirent de leur légéreté. Les remords de conſcience vinrent déchirer quelques-uns de ceux qui, par vengeance, avoient donné leurs ſignatures. Il s'éleva bientôt un cri général d'indignation dans la province. Les honnêtes gens de tous les rangs, & ſur-tout ceux qui avoient réſiſté à l'obſeſſion, s'empreſſerent de venir à mon ſecours.

Je dois ici rendre juſtice à mes ſœurs. Si dans un temps elles ont été indiſpoſées contre moi, leur indiſpoſition n'avoit pour motif que des prétentions ou des débats tels qu'il s'en éleve naturellement entre ceux qui ont des intérêts à diſcuter. Je conçois très-bien que la loi m'ayant rendu plus riche qu'elles, elles ont eu raiſon de faire tous leurs efforts pour augmenter leur avoir. Je conçois auſſi que, malgré les ſacrifices que j'ai faits en leur faveur, l'idée d'une fortune inégale leur à dû donner de l'humeur : cependant je n'ai jamais cru qu'elles m'aient regardé comme un homme injuste, encore moins comme un malfaiteur, indigne de rester dans la société. Je n'ai jamais pu me persuader qu'on les eût instruites des faits atroces contenus dans le mémoire sur lequel les agens de mon épouse ont obtenu l'ordre de me faire arrêter. Si elles les avoient connus, elles en auroient été révoltées. J'ai pour garans de leur loyauté les impressions mortelles que leur a faite la nouvelle de ma détention ; les voyages qu'elles ont faits à Paris, pour faire révoquer l'ordre ; les mémoires, dans lesquels elles ont dit que leurs signatures, sur le mémoire de 1780, étoient un effet de la surprise la plus condamnable.

Il y avoit tout lieu de croire que les mémoires, signés par tous les ordres de la province, présentés par mes sœurs, détruiroient les effets de la calomnie & me rendroient la liberté. M. de Breteuil, en succédant à M. Amelot, n'avoit point succédé à tout ce qui lui étoit propre. Il ne restoit de M. Amelot que le sieur Robinet, qui, je ne sais pour quel motif, s'étoit aussi engoué de mon épouse. Le sieur Robinet avoit-il des raisons, que des liaisons avec mon épouse rendoient personnelles? Avoit-il pour objet de continuer à plaire à son ancien maître, qu'il savoit être mon ennemi? Je l'ignore. Ce que je sais, c'est que, sans lui, M. de Breteuil auroit daigné lire les mémoires que mes sœurs lui présentoient au nom de toute la province. Il auroit été étonné d'une réclamation si générale: si on l'eût mis en état de comparer les anciens mémoires avec les nouveaux, il auroit reconnu la calomnie; & sa justice lui auroit dicté la révocation d'un ordre qui avoit été surpris par la méchanceté & la vengeance.

Mes sœurs sont restées à Paris pendant un an à supplier inutilement, tantôt le ministre, tantôt son secrétaire. Dire les angoisses humiliantes que le sieur Robinet leur a fait endurer; rapporter les expressions peu décentes avec lesquelles on rejettoit leur demande, seroit trop long & trop désagréable.

J'étois donc alors condamné à la privation des bons effets que devoient produire les certificats les plus authentiques de mon innocence. C'étoit donc dans le cabinet du miniſtre que ſe trouvoit le plus rigoureux obſtacle à ce que l'autorité fût éclairée ! De tous les maux que j'ai ſoufferts, celui-ci n'eſt pas le moindre.

Si les humiliations euſſent découragé mes ſœurs, je n'exiſterois peut-être plus, ou bien je languirois, en mourant d'heure en heure, au milieu des centaines de malheureux qui partageoient mon ſort.

Après avoir ſupplié, mes ſœurs ſe plaignirent hautement : leur naiſſance leur donnoit accès chez les grands ; elles eurent le bonheur d'être favorablement écoutées : la rigueur du ſecrétaire commença à foiblir ; le miniſtre fut en état d'être juſte. Le premier effet que j'en reſſentis, fut que l'on me tira du gouffre peſtilentiel, où j'étois depuis trois ans & huit mois, pour m'empriſonner dans un autre lieu commun, où ſont les priſonniers pour dettes, & ceux que, dans ces endroits on appelle priſonniers d'état. Cette faveur, qui n'étoit pourtant qu'une continuation de captivité, me donna du plaiſir ; mon eſpérance ſe prolongeoit à un avenir plus heureux. Hélas ! un raffinement d'intrigue me préparoit de nouveaux malheurs.

Mon épouse & ses agens tremblerent à la nouvelle du changement qui annonçoit ma liberté prochaine. Celle-ci craignoit la perte d'une administration arbitraire qu'un arrêt surpris à la cour lui avoit donné sur mes biens ; elle craignoit peut-être encore plus le juste courroux d'un mari persécuté, qu'elle avoit exposé à mille dangers. Les autres redoutoient la poursuite que la loi permet contre les calomniateurs & les assassins. D'autres appréhendoient d'être obligés de justifier leur conduite : chacun avoit ses motifs. Aussi il se tint un conseil, où il fut décidé, 1°. que je ne sortirois point de prison sans signer un acte qui assurât à mon épouse une forte pension. 2°. Que je serois exilé dans mes terres, afin de me tenir toujours sous la main de l'autorité & de m'empêcher de remuer. 3°. Que ma femme seroit parfaitement libre, & qu'elle continueroit de vivre à sa maniere, & où bon lui sembleroit.

On me prononça mon arrêt le 7 septembre 1784. Le ſupérieur de Charenton, aſſiſté de M. Lenoir, lieutenant de police, avoit à la main la révocation de mon empriſonnement : M Guillaume le jeune, Notaire, & celui ordinaire de M. de Breteuil, me préſenta un acte dreſſé dans ſon étude à mon inſu. On me dit, en ſtyle médiocrement amical : Il faut ſigner ou reſter ici.

Par cet acte, on me faiſoit donner à mon épouſe 6000 liv. de penſion : c'étoit bien dire auſſi que mon épouſe vouloit avoir le privilége de n'être pas ſoumiſe à la loi que le mariage lui avoit impoſée, & qu'il falloit que je lui accordaſſe cette liberté.

Je voulois demander aux exécuteurs de l'autorité ſurpriſe, dans quel code ils avoient lu que l'on peut, le piſtolet à la main, forcer légalement un homme à donner ſon bien, & à renoncer à la volonté qu'il ne tient que de Dieu même : je voulois leur demander depuis quand un mari étoit obligé d'obéir aux caprices d'une femme libertine, & de devenir l'eſclave d'un débauché puiſſant qui s'en étoit emparé malgré lui. Je voulois leur faire d'autres questions tirées du code de la nature ; mais j'aurois perdu l'occasion de briser mes fers. Je signai, conjointement avec M. Lenoir ; & il fut dit, que cet acte étoit fait de l'avis de Magistrat.

L'intervention de M. Lenoir dans un acte où je parlois seul, me parut fort extraordinaire. Etoit-il là comme témoin? Mais je ne conçois pas comment un magistrat peut souiller la majesté de son caractere, en devenant témoin dans un acte de forçat. Etoit-il là comme magistrat, & pour donner un air de légalité à l'acte que je signois ? Mais tous les magistrats du monde assisteroient à un acte de violence que l'acte n'en seroit pas moins nul. M. Lenoir s'intéressoit-il à ce que ma femme conservât la liberté de vivre à son gré ? Mais à quel titre prenoit-il tant d'intérêt ?

M. Lenoir m'a appris par sa lettre du 7 mai 1785, & dont je parlerai tout-à-l'heure, qu'il avoit agi avec l'autorisation de M. de Breteuil.

Autorisé ou non, l'acte n'en est pas

moins illégal & barbare; ce n'en est pas moins donner extraordinairement d'extension à l'arbitraire (1).

Quoi qu'il en soit, mon épouse est restée maîtresse d'elle-même, & moi je suis sorti des liens d'une lettre de cachet, pour, à l'instant même, rentrer dans les

(1) Des renseignemens qui me sont venus depuis peu, m'ont appris que, dans cette affaire, on a souvent fait parler M. de Breteuil sans sa participation. D'après ce que l'on m'a dit, je suis même porté à croire que lorsque M. de Breteuil a répondu à mes sœurs d'une maniere peu satisfaisante; lorsqu'il les rebuta, en disant que je pourrirois dans les prisons, il étoit excité par l'indignation que l'on doit naturellement avoir quand on n'a entendu parler que d'assassinats & d'actions condamnables. Si le sieur Robinet eût exposé la vérité, M. de Breteuil auroit été autrement disposé; & il y a tout lieu de croire que, depuis long-tems, je ne souffrirois plus.

Comme c'est le sieur Robinet qui a réellement tout fait, on rouvera peut-être surprenant que, dans le cours de cette requête, je nomme M. de Breteuil au lieu de nommer le sieur Robinet; mais on cessera d'être surpris quand on verra les lettres que je vais citer dans un instant. C'est M. de Breteuil qui y est nommé; il en a signé une : je ne puis donc parler que le langage des lettres; mais j'engage le lecteur à reporter au sieur Robinet ce que l'expression des lettres attribue à M. de Breteuil.

liens d'une autre qui m'exiloit dans mes terres. Si on avoit écrit les paroles qui me furent dites en me signifiant cette lettre, on verroit que l'on m'ordonna séverement d'être très-circonspect. On me faisoit considérer la maison horrible dans laquelle j'étois encore, & on m'expliquoit très-clairement que mon bonheur dépendoit absolument de mon silence & de mon inaction.

Le premier usage que je fis de ma liberté fut, en descendant de voiture à Châlons-sur-Saône, le 17 décembre 1783, de protester contre l'acte du 7 du même mois, que l'on m'avoit arraché dans la prison.

Je voulus aussi user de mon droit de maître sur mes biens & recevoir les revenus. Croiroit-on que la plus grande partie de mes fermiers & débiteurs doutoient encore de mon pouvoir? Ils étoient accoutumés à payer à mon épouse, en exécution de son arrêt. J'eus toutes les peines du monde à me réintégrer dans l'exercice de mes droits.

On conçoit facilement qu'une femme, qui n'avoit cherché qu'à jouir, n'avoit pas laissé accumuler les revenus ; aussi n'eus-je pas de peine à faire ma recette : tous les deniers étoient enlevés ; on avoit coupé mes bois : ceux que j'avois fait façonner, & que je destinois à des constructions utiles, avoient été vendus ; quant aux réparations il y en avoit à faire par tout ; ainsi, à mon arrivée, e me suis trouvé dénué de tout, & manquant même du nécessaire.

J'avois, en 1780, un hôtel à Paris, dans lequel il y avoit des meubles. Puisque j'étois exilé, & qu'on me forçoit de payer 6000 livres de pension à mon épouse, pour qu'elle vécût où elle voudroit, je crus convenable de faire vendre mes meubles pour payer, 1°. les loyers que mon épouse avoit laissé accumuler, quoiqu'elle eût touché plus de 120,000 en quatre ans ; 2°. la pension de mon épouse, jusqu'à ce que je fusse parvenu à faire parler la loi pour la soumettre à un régime plus légal & plus honnête ; 3°. pour subvenir à mes propres besoins.

Je chargeai Me Denormandie, procureur au châtelet, de faire vendre mes meubles à Paris, j'envoyai à cet effet des pouvoirs.

Les gens de loi, que j'ai consultés, m'ont assuré qu'étant maître de la communauté, il suffisoit à mon procureur, de ma procuration pour vendre sans formalités dispendieuses. Je n'étois saisi par qui que ce soit. Mon absence de Paris n'étoit point une banqueroute; d'ailleurs, j'étois censé présent, puisque je me faisois substituer par un fondé de pouvoir. Il étoit donc inutile de faire apposer des scellés, & de faire faire en justice un inventaire avec le plus grand appareil; un simple état dressé sans frais, entre mon épouse & mon fondé de pouvoir, étoit suffisant. La confiance qui m'avoit engagé à donner mon pouvoir, m'auroit engagé à donner une décharge quand tout auroit été consommé.

Mes conseils de province trouverent très-mal que mon conseil de Paris commençât par mettre dans mes meubles le feu des poursuites judiciaires. On trouva bien plus mal encore que M. Lenoir m'écrivît le 7 mai 1785, la lettre dont voici le contenu.

« Vous n'avez pu douter, Monsieur, » du véritable intérêt que j'ai pris à la » position dans laquelle vous étiez encore » l'année derniere, par suite des soins » que je me suis donnés avec l'autori- » sation de M. le Baron de Breteuil pour » la faire cesser: nous verrions avec peine » se reproduire des difficultés qu'il est » toujours *d'un intérêt bien entendu d'éviter*.

» Vous avez fait faire un état des » meubles qui garnissoient l'appartement » qu'occupe madame de Saint-Huruge, » en vertu du droit que vous avez comme » maître de la communauté, vous en » provoquez la vente; cependant il con- » vient que madame votre épouse ait des » meubles décens & nécessaires, & ceux » dont on voudroit la dépouiller ne sont » pas d'un prix considérable.

» J'ai fait appeller Me de Normandie, » votre procureur: il m'a dit vous avoir » fait connoître que le prix qui provien- » droit de la vente de ces meubles se » trouveroit en grande partie absorbé » *par les frais & par les droits du pro-* » *priétaire pour ses loyers.*

» Dans cette position, il seroit *noble*

» *& juste*, de votre part, d'abandonner le » projet de faire vendre les meubles en » laissant comme de raison à madame de » Saint-Huruge, la charge de payer les » loyers sur la pension que vous êtes » convenu de lui faire. Il y a cependant » certains meubles & effets à votre usage » qu'il est juste de vous remettre, à la » remise desquels madame de Saint-» Huruge, ne se refusera pas. J'ai cru » pouvoir demander à Me de Normandie » de suspendre toute poursuite jusqu'à » votre réponse, que je vous prie de me » faire passer ».

Un magistrat, uniquement occupé à rendre à chacun ce qui lui appartient, n'auroit certainement pas écrit cette lettre. On devoit savoir que j'avois besoin d'argent; car mon épouse avoit tout pillé pendant les quatre années de sa gestion. Mon premier soin devoit être de faire des deniers avec un mobilier qui ne servoit à rien. Me conseiller de n'en rien faire, se servir de son autorité pour empêcher mon procureur d'agir en vertu de mes pouvoirs, c'étoit disposer de mes biens aussi librement que l'on disposoit de ma personne.

Puiſque mon épouſe prloit ſi librement à M. Lenoir & à M. de Breteuil, pourquoi ne lui a-t-on pas demandé ce qu'elle avoit fait de 120,000 livres & plus, qu'elle avoit touchées pendant quatre ans, & pourquoi, avec une ſomme auſſi conſidérable, elle n'avoit pas au moins payé les loyers de l'hôtel que j'avois à Paris.

Tant d'argent reçu devoit mettre mon épouſe, non-ſeulement en état de payer les loyers, mais encore d'attendre patiemment que j'euſſe fait des fonds pour payer ſa penſion.

M. Lenoir m'apprend lui-même, dans ſa lettre, que mon épouſe étoit en état de payer les loyers & les dépenſes de la vie; car il dit que ſi je conſens à lui laiſſer ces meubles, elle payera les loyers ſur la penſion. Cette penſion auroit certainement été abſorbée, pour la premiere année, &, peut-être, pour la deuxieme. Mon épouſe avoit donc des fonds par-devers elle pour ſubſiſter; moi, je n'en avois pas. Si elle avoit beſoin de meubles, elle pouvoit en acheter avec mon argent dont elle s'étoit emparé. D'ailleurs, elle pouvoit aller au couvent, & elle le devoit.

Suivant l'avis de M. Lenoir, il étoit *noble & juste* d'abandonner le projet de vendre mes meubles. Si ce magistrat eût examiné les choses de plus près, il auroit vu qu'au contraire il étoit *noble & juste* de rejetter les demandes de mon épouse, de la forcer d'aller au couvent, & de l'engager à me rendre des deniers qui ne lui appartenoient pas. Au moins étoit-il *juste* de ne pas s'opposer à ce que je m'en procurasse par la vente d'un mobilier, qui étoit alors ma seule ressource.

Je persistai dans la volonté de vendre; je me crus absolument libre de déférer aux avis de M. de Breteuil & de M. Lenoir. Ce qui va suivre prouvera que leur avis ne m'a point laissé de liberté; il falloit obéir ou s'attendre à être puni.

« M. le Baron de Breteuil (m'écri-
» voit M. Lenoir, le premier juin 1785),
» ayant pris connoissance de la demande
» de madame de Saint-Húruge, m'a auto-
» risé de vous marquer que son senti-
» ment est que vous n'insistiez pas sur
» la vente des meubles qui garnissent au-
» jourd'hui son appartement; ils sont d'une
» médiocre conséquence, & le parti ri-
» goureux que vous aviez semblé d'a-

» bord vouloir prendre, ne produiroit » que peu d'avantage. Pour moi, à qui » vous voulez bien vous en rapporter, » je vous avoue que je pense de même, » & qu'il est *de votre générosité* de lui » laisser ses meubles, à la charge de payer » ses loyers. Madame de Saint-Huruge » déclare aussi n'avoir rien reçu encore de » la pension convenue. M. le Baron de » Breteuil estime de même, qu'il con- » vient de prendre, de votre part, toutes » les mesures possibles pour lui payer les » quartiers échus, & faire en sorte qu'elle » puisse les toucher exactement. *Ces arran-* » *gemens une fois pris, comme suite de* » *conventions faites sous nos yeux, vous* » *assureront votre tranquillité.* »

C'est en dictant ces expressions, que M. Lenoir termine par me dire qu'il a l'honneur d'être avec un parfait attachement, *mon très-humble serviteur.*

Certes, dans cette occasion, M. Lenoir n'étoit pas *mon très-humble serviteur.* Il étoit bien *celui* de M. de Breteuil, de mon épouse & de sa propre opinion.

Ainsi abandonner la vente d'un mobilier, qui étoit alors mon seul avoir dispondible ; payer une penſion extorquée pendant que j'étois dans les fers ; la payer dans un tems où j'étois ſans le ſol, & où ma femme avoit les mains garnies, étoit la condition ſans laquelle je ne pouvois être tranquille. Payer, abandonner mes meubles, ou aller en priſon ; voilà quelle étoit l'alternative.

Où étoit donc la contrainte par corps à laquelle je m'étois ſoumis ? Par quel jugement, dans quel tribunal, en vertu de quelle loi l'avoit-on prononcée ?

Le ſeul tribunal étoit le cabinet du miniſtre ; ſa volonté & une lettre écrite en ſon nom par M. Lenoir ont été mon arrêt.

Le titre dont cet arrêt ordonne l'exécution, eſt un acte nul dans ſon eſſence ; car rien n'eſt plus nul & moins ſuſceptible d'exécution, qu'un acte dicté par la crainte & arraché par force. D'ailleurs, tant qu'une femme n'a point obtenu en juſtice ſa ſéparation d'avec ſon mari, celui-ci ne peut être lié par aucun acte envers elle ; l'autorité de ſon mari ſubſiſtant en ſon entier, celui-ci eſt toujours maître d'agir avec sa femme comme bon lu semblera.

Il y a tout lieu de croire que M. de Breteuil & M. Lenoir ont l'un & l'autre adopté pour principe qu'un acte souscrit dans les liens d'une lettre de cachet est un acte qui doit sortir son effet.

Je ne connois pas beaucoup les loix, mais je sais qu'un homme détenu par lettre de cachet est un prisonnier, & qu'un prisonnier ne peut rien faire de légal, je sais aussi que l'autorité maritale ne peut être détruite que par un jugement, rendu en connoissance de cause, par les Magistrats que le Prince a préposés pour rendre la justice. Ainsi le principe de MM. de Breteuil & Lenoir est absolument faux. S'il étoit adopté, il en résulteroit de grands inconvéniens; il en résulteroit encore de bien plus grands, si les ministres se croyoient en droit de connoître de l'exécution des actes. 1°. Les jurisdictions ordinaires se verroient détruites. Or, rien ne peut soustraire à la jurisdiction ordinaire la connoissance d'un acte passé devant notaire ou sous seing privé. 2°. Un citoyen ne pourroit dormir tranquille, car à l'inſtant où il y penſeroit le moins, quelques agens du miniſtre viendroient lui dire : il plaît à celui qui m'envoie que l'acte ſoit exécuté de telle ou telle maniere. Si vous refuſez d'obéir, la priſon va s'ouvrir ; certes, il n'y auroit rien de plus deſpotique qu'une pareille exécution, elle ſeroit deſtructive du droit civil ; elle donneroit lieu à l'arbitraire ſans aucune meſure.

C'eſt ici la partie de ma requête la plus intéreſſante, car auparavant d'en venir au moyen que je diſcute, je n'ai rien dit qui ne me fût particulier ; ce que je dis actuellement intéreſſe tous les ordres de l'état, & mérite la plus grande attention.

La lettre du premier Juin 1785, écrite par M. Lenoir, fut ſuivie d'une autre en date du 20 du même mois de Juin. Le même jour M. de Breteuil en écrivit une à madame la comteſſe de Damas qui s'intéreſſoit pour moi, parce que j'ai l'honneur de lui appartenir ; voici à quelle occaſion ces lettres furent écrites.

Ma ſanté s'étoit fort altérée dans la priſon. La liberté ne m'avoit donné qu'un bien-être momentané. Il y avoit en moi un principe de maladie causé par le chagrin, & par l'agitation inconcevable où me mettoit la combinaison des moyens que je méditois, tant pour me délier tout-à-fait de la lettre de cachet, que pour parvenir à forcer ma femme à vivre dans un endroit décent. J'en cherchois aussi afin de poursuivre en justice ceux à la calomnie desquels j'avois obligation de tous les maux que j'avois soufferts. J'écrivis & je fis écrire au Ministre pour qu'il me permît d'aller aux eaux d'Aix-la-Chapelle ; c'est en réponse à cette demande qu'ont été écrites les deux lettres du Juin, par MM. de Breteuil & Lenoir.

Par ces deux lettres MM. de Breteuil & Lenoir motivent le refus qui m'est fait d'aller aux eaux, sur ce que je n'ai pas exécuté les conventions faites avec mon épouse ; ainsi tantôt c'étoit la prison, tantôt la privation des remedes utiles à ma santé qui devoit être la peine de ce que je ne voulois pas renoncer à mes droits pour agir au gré des ministres.

Les conventions contenues dans l'acte

du 7 Décembre 1784, n'étoient pas les ſeules qu'il importoit à mon épouſe que j'exécutaſſe. Ce n'étoit pas non plus pour cela ſeul que les miniſtres me menaçoient de priſon & rejettoient mes demandes. A la vérité, en liſant leurs lettres on n'y voit de leur part que des ordres pour me faire exécuter les conventions de l'acte du 7 Décembre. Ces ordres en ne portant que ſur ces objets paroiſſent moins rigoureux. La tyrannie ſe manifeſte moins, mais ils ont bien d'autres motifs, & les voici.

On m'avoit dit tout bas à l'oreille, en ſortant de Charenton, d'agir avec circonſpection & de ne pas faire de bruit : c'étoit bien m'annoncer que l'on protégeoit mon épouſe, ainſi que ſes adhérens, & qu'on exigeoit que je les laiſſaſſe tranquilles.

De retour dans mes terres, je racontois les maux que j'avois ſoufferts ; je ne cachois pas le deſir que j'avois de pourſuivre ceux qui me les avoient cauſés ; j'allois aux informations ; à chaque inſtant, je me procurois de bons témoignages pour détruire la calomnie & ses auteurs,

On sait que la police a par-tout des émissaires : quelques-uns d'eux instruisirent mon épouse qui disposoit des ministres. Alors je reçus un avis très-sérieux & très-despotique. Celui qui me le donna me dit qu'il n'y avoit pas à balancer entre le silence le plus profond & la prison la plus sévere. Cet avis n'est pas contenu dans les lettres des ministres. Mais voilà ce que signifient ces mots contenus dans la lettre écrite par M. Lenoir, le 7 Juin 1785 ; *vous assureront votre liberté.*

Il falloit donc être privé de tout, même du privilége de se plaindre : il falloit renoncer au bénéfice de la loi, ou bien s'attendre à se voir réintégrer dans les prisons.

Je ne pus tenir contre une persécution si horrible. La rigueur de mon sort me fit détester le séjour de la France, je la quittai pour aller en Angleterre. Là j'ai vécu sans crainte, ma santé s'est rétablie. Je n'ai éprouvé qu'une perte, c'est celle de mes revenus dont mon épouse s'est encore emparée ſans faire pour un ſol de réparations.

J'ai ſouvent cherché les moyens de faire parvenir mes juſtes plaintes juſqu'au Trône; mais le peu d'uſage que j'ai des affaires m'a fait échouer dans mes projets. Je me voyois condamné à vivre exilé de ma patrie en attendant des circonſtances favorables, lorſqu'après avoir bien médité ſur des faits dont j'ai connoiſſance, j'ai vu que la cour eſt un tribunal de ſecours poſé par la loi entre l'autorité & les ſujets; c'eſt pourquoi je me ſuis déterminé à donner la préſente requête.

Je n'ajouterai rien aux faits & aux réflexions que je viens d'expoſer; je ne crois pas qu'il ſoit poſſible de douter que je ſois digne d'un prompt ſecours.

C'eſt ſans raiſon que l'on m'a enfermé, je n'ai jamais été ni fou, ni criminel. Si les deux imputations calomnieuſes que j'ai détruites, dans la note contenue au commencement de mon récit, laiſſoient quelque doute ſur mon innocence, je demande pour ſeule grace que l'on inſtruiſe mon procès en juſtice réglée. Quelque terrible que ſoit, pour un innocent, l'appareil d'une instruction criminelle, elle devient indispensable pour un homme de ma qualité tant qu'il reste des soupçons sur son compte.

Si comme je l'espere, la Cour est convaincue de mon innocence, j'ose la supplier de délibérer sur les moyens de faire cesser mon exil. J'ose aussi la supplier de faire ordonner que les mémoires calomnieux me seront communiqués pour que je puisse obtenir la réparation qui m'est dûe. Je ne suis point animé par un esprit de vengeance. Je ne veux que m'acquitter de mon devoir qui exige que tout homme, & sur-tout un homme d'une naissance distinguée, ne laisse rien subsister d'impur qui puisse porter atteinte à son honneur.

Le service que je supplie de me rendre sera d'un prix infini. Quelle que soit ma reconnoissance, elle n'égalera jamais l'importance de ce service, au moins sera-t-elle sincere, ainsi que les vœux que je ferai pour la gloire & la prospérité de la Cour. *Signé*, le marquis de St. Huruge.

Lettre à M. d'Efpremenil, Confeiller au Parlement.

Monsieur,

Depuis fept ans je fuis le jouet & la victime d'une perfécution cruelle : on m'a tenu, pendant trois ans & onze mois, renfermé avec les fous & les épileptiques de Charenton. Je n'en fuis forti que pour être exilé, fous condition de ne pas me plaindre. Le befoin d'être libre, & la néceffité de foigner ma fanté, m'ont fait paffer en Angleterre, où je fuis depuis deux ans.

Je donnerois inutilement des mémoires au miniftre pour démontrer qu'il eft jufte de faire ceffer mon exil; car j'en ai déjà donné qui ont été rejettés ou mal reçus. Il ne me refte qu'une feule voie, c'eft de recourir à la protection du parlement, que la loi & un long ufage ont pofé & maintenu entre l'autorité furprife & le citoyen opprimé.

Parmi les magiftrats qui compofent cet augufte tribunal, il m'eft facile de choifir un défenfeur; j'en connois beaucoup qui font autant diftingués par leurs talens que refpectables par leurs vertus. Chacun d'eux m'infpire une égale confiance; mais puifqu'il m'eft libre de faire un choix, permettez-moi, Monfieur, de le faire tomber fur vous. Réuniſſez, s'il vous plaît, votre zele à celui de vos honorables confreres. Continuez d'apprendre aux calomniateurs, que l'homme juſte trouve, au milieu de vous, un aſyle aſſuré & une prompte ſatisfaction. J'ai rédigé une requête contenant les faits de ma cauſe : je vous ſupplie, Monſieur, d'en faire uſage, & d'y ajouter la partie des moyens ; j'ai laiſſé cette partie à traiter, parce qu'il n'y a qu'un orateur qui puiſſe s'en acquitter dignement.

Je ne dirai rien de plus pour exciter votre zele, parce que vous vous êtes fait un devoir de venir au ſecours de celui qui en a beſoin. Vos talens ſont en vous un dépôt précieux, que la nature vous a confié pour le bonheur de vos freres. Je me bornerai donc à me féliciter de vous avoir pour avocat, & à attendre avec confiance le ſuccès de vos généreux efforts.

J'ai l'honneur d'être reſpectueuſement,

Monſieur,

Votre très-humble & très-obéiſſant ſerviteur,

Signé, le marquis de Saint-Huruge.

A Londres, le 10 Mai 1787.

www.ingramcontent.com/pod-product-compliance
Lightning Source LLC
LaVergne TN
LVHW021714230826
846091LV00006BA/2171